目錄

掃一掃聽有聲經典

了凡四訓

立命之學

音頻二維碼

余童年喪父。老母命棄舉業學醫。謂可以養生。可以濟人。且習一藝以成名。爾父夙心也。後余在慈雲寺。遇一老者。修髯偉貌。飄飄若仙。余敬禮之。語余曰。子仕路中人也。明年即進學。何不讀書。

余告以故。并叩老者姓氏里居。

曰。吾姓孔。雲南人也。得邵子皇極數正

傳。數該傳汝。

余引之歸。告母。

母曰。善待之。

試其數。纖悉皆驗。余遂啓讀書之念。謀之表兄沈稱。言郁海谷先生。在沈友夫家開館。我送汝寄學甚便。

余遂禮郁爲師。

孔爲余起數。縣考童生。當十四名。府考七十一名。提學考第九名。明年赴考。三處名數皆合。復爲卜終身休咎。言。某年考第幾名。某年當補廩。某年當貢。貢後某年。當選四川一大尹。在任三年半。即宜告歸。五十三歲八月十四日丑時。當終于正寢。惜無子。余備録而謹記之。

自此以後。凡遇考校。其名數先後。皆不出孔公所懸定者。獨算余食廩米九十一石五斗當出貢。及食米七十一石。屠宗師即批準補貢。余竊疑之。後果爲署印楊公所駁。直至丁卯年。殷秋溟宗師見余場中備卷。嘆曰。五策。即五篇奏議也。豈可使博洽淹貫之儒。老于窗下乎。遂依縣中文準貢。連前食米計之。實九十一石五斗也。余因此益信進退有命。遲速有時。澹然無求矣。

貢入燕都。留京一年。終日靜坐。不閱文字。己巳歸。游南雍。未入監。先訪雲谷會禪師於棲霞山中。對坐一室。凡三晝夜不瞑目。

雲谷問曰。凡人所以不得作聖者。祇爲

妄念相纏耳。汝坐三日。不見起一妄念。何也。

余曰。吾爲孔先生算定。榮辱生死。皆有定數。即要妄想。亦無可妄想。

雲谷笑曰。我待汝是豪傑。原來祇是凡夫。

問其故。

曰。人未能無心。終爲陰陽所縛。安得無數。但惟凡人有數。極善之人。數固拘他不定。極惡之人。數亦拘他不定。汝二十年來。被他算定。不曾轉動一毫。豈非是凡夫。

余問曰。然則數可逃乎。

曰。命由我作。福自己求。詩書所稱。的爲明訓。我教典中說。求富貴得富貴。求男女得男女。求長壽得長壽。夫妄語乃釋迦大戒。諸佛菩薩。豈誑語欺人。

余進曰。孟子言求則得之。是求在我者也。道德仁義可以力求。功名富貴如何求得。

雲谷曰。孟子之言不錯。汝自錯解耳。汝不見六祖說。一切福田。不離方寸。從心而覓。感無不通。求在我。不獨得道德仁義。亦得功名富貴。內外雙得。是求有益於得也。若不返躬內省。而徒向外馳求。則求之有道。而得之有命矣。內外雙失。故無益。

因問。孔公算汝終身若何。

余以實告。

雲谷曰。汝自揣應得科第否。應生子否。

余追省良久。曰。不應也。科第中人。類有福相。余福薄。又不能積功累行。以基厚福。兼不耐煩劇，不能容人，時或以才智蓋人，直心直行，輕言妄談，凡此皆薄福之相也，豈宜科第哉。地之穢者多生物，水之清者常無魚，余好潔，宜無子者一；和氣能育萬物，余善怒，宜無子者二；愛爲生生之本，忍爲不育之根，余矜惜名節，常不能捨己救人，宜無子者三；多言耗氣，宜無子者四；喜飲鑠精，宜無子者五；好徹夜長坐，而不知葆元毓神，宜無子者六。其余過惡尚多，不能悉數。

雲谷曰。豈惟科第哉。世間享千金之產者。定是千金人物。享百金之產者。定是百金人物。應餓死者。定是餓死人物。天不過因材而篤。幾曾加纖毫意思。即如生子。有百世之德者。定有百世子孫保之。有十世之德者。定有十世子孫保之。有三世二世之德者。定有三世二世子孫保之。其斬焉無後者。德至薄也。

汝今既知非。將向來不發科第。及不生

子之相。盡情改刷。務要積德。務要包荒。務要和愛。務要惜精神。從前種種。譬如昨日死。從後種種。譬如今日生。此義理再生之身。

夫血肉之身。尚然有數。義理之身。豈不能格天。太甲曰。天作孽。猶可違。自作孽。不可活。詩云。永言配命。自求多福。孔先生算汝不登科第。不生子者。此天作之孽。猶可得而違。汝今擴充德性。力行善事。多積陰德。此自己所作之福也。安得而不受享乎。

易爲君子謀。趨吉避凶。若言天命有常。吉何可趨。凶何可避。開章第一義。便說積善之家。必有餘慶。汝信得及否。

余信其言。拜而受教。因將往日之罪。佛前盡情發露。爲疏一通。先求登科。誓行善事三千條。以報天地祖宗之德。

雲谷出功過格示余。令所行之事。逐日登記。善則記數。惡則退除。且教持準提咒。以期必驗。

語余曰。符籙家有云。不會書符。被鬼神笑。此有秘傳。祇是不動念也。執筆書符。先把萬緣放下。一塵不起。從此念頭不動處。下一點。謂之混沌開基。由此而一筆揮成。更無思慮。此符便靈。凡祈天立命。都要從無思無慮處感格。

孟子論立命之學。而曰。夭壽不貳。夫夭壽。至貳者也。當其不動念時。孰爲夭。孰爲壽。細分之。豐歉不貳。然後可立貧富之命。窮通不貳。然後可立貴賤之命。夭壽不貳。然後可立生死之命。人生世間。惟死生爲重。曰夭壽。則一切順逆皆該之矣。

至修身以俟之。乃積德祈天之事。曰修。則身有過惡。皆當治而去之。曰俟。則一毫覬覦。一毫將迎。皆當斬絕之矣。到此地位。直造先天之境。即此便是實學。

汝未能無心。但能持準提咒。無記無數。不令間斷。持得純熟。於持中不持。於不持中持到得念頭不動，則靈驗矣。

余初號學海，是日改號了凡，蓋悟立命之說，而不欲落凡夫窠臼也。從此而後，終日兢兢，便覺與前不同。前日祇是悠悠放任，到此自有戰兢惕厲景象，在暗室屋漏中，常恐得罪天地鬼神；遇人憎我毀我，自能恬然容受。

到明年禮部考科舉，孔先生算該第三，忽考第一，其言不驗，而秋闈中式矣。然行義未純，檢身多誤，或見善而行之不勇，或救人而心常自疑，或身勉爲善，而口有過言，或醒時操持，而醉後放逸，以過折功，日常虚度，自己巳歲發願，直至己卯歲，歷十餘年，而三千善行始完。

時方從李漸庵入關，未及回向，庚辰南還，始請性空、慧空諸上人，就東塔禪堂回向，遂起求子願，亦許行三千善事，辛巳生汝天啓。

余行一事，隨以筆記，汝母不能書，每行

一事。輒用鵝毛管。印一硃圈於曆日之上。或施食貧人。或買放生命。一日有多至十餘者。至癸未八月。三千之數已滿。復請性空輩。就家庭回向。九月十三日。復起求中進士願。許行善事一萬條。丙戌登第。授寶坻知縣。

余置空格一冊。名曰治心篇。晨起坐堂。家人攜付門役。置案上。所行善惡。纖悉必記。夜則設桌於庭。效趙閱道焚香告帝。汝母見所行不多。輒顰蹙曰。我前在家。相助爲善。故三千之數得完。今許一萬。衙中無事可行。何時得圓滿乎。夜間偶夢見一神人。余言善事難完之故。神曰。祇減糧一節。萬行俱完矣。蓋寶坻之田。每畝二分三釐七毫。余為區處。減至一分四釐六毫。委有此事。心頗驚疑。適幻余禪師自五臺來。余以夢告之。且問此事宜信否。師曰。善心真切。即一行可當萬善。況合縣減糧。萬民受福乎。吾即捐俸銀。請其就五臺山齋僧一萬而回向之。

孔公算予五十三歲有厄。余未嘗祈壽。是歲竟無恙。今六十九矣。書曰。天難諶。命靡常。又云。惟命不於常。皆非誑語。吾於是而知凡稱禍福自己求之者。乃聖賢之言。若謂禍福惟天所命。則世俗之論矣。

汝之命。未知若何。即命當顯。常作落寞想。即時當順利。常作拂逆想。即眼前足食。常作貧窶想。即人相愛敬。常作恐懼想。即家世望重。常作卑下想。即學問頗優。常作淺陋想。

遠思揚祖宗之德。近思蓋父母之愆。上思報國之恩。下思造家之福。外思濟人之急。内思閑己之邪。務要日日知非。日日改過。一日不知非。即一日安於自是。一日無過可改。即一日無步可進。天下聰明俊秀不少。所以德不加修。業不加廣者。祇爲因循二字。耽閣一生。

雲谷禪師所授立命之說。乃至精至邃。至真至正之理。其熟玩而勉行之。毋自曠也。

音頻二維碼

改過之法

春秋諸大夫．見人言動．億而談其禍福．靡不驗者．左國諸記可觀也．大都吉凶之兆．萌乎心而動乎四體．其過於厚者常獲福．過於薄者常近禍．俗眼多翳．謂有未定而不可測者．至誠合天．福之將至．觀其善而必先知之矣．禍之將至．觀其不善而必先知之矣．今欲獲福而遠禍．未論行善．先須改過．

但改過者．第一．要發耻心．思古之聖賢．與我同爲丈夫，彼何以百世可師，我何以一身瓦裂，耽染塵情，私行不義，謂人不知，傲然無愧，將日淪於禽獸而不自知矣，世之可羞可恥者，莫大乎此。孟子曰：恥之於人大矣。以其得之則聖賢，失之則禽獸耳。此改過之要機也。

第二，要發畏心。天地在上，鬼神難欺，吾雖過在隱微，而天地鬼神實鑒臨之，重則降之百殃，輕則損其現福，吾何可以不懼？不惟此也，閒居之地，指視昭然，吾雖掩之甚密，文之甚巧，而肺肝早露。終難自欺被人覷破。不值一文矣。烏得不懍懍。不惟是也。一息尚存。彌天之惡。猶可悔改。古人有一生作惡。臨死悔悟。發一善念。遂得善終者。謂一念猛厲。足以滌百年之惡也。譬如千年幽谷。一燈才照。則千年之暗俱除。故過不論久近。惟以改爲貴。但塵世無常。肉身易殞。一息不屬。欲改無由矣。明則千百年擔負惡名。雖孝子慈孫。不能洗滌。幽則千百劫沉淪獄報。雖聖賢佛菩薩。不能援引。

烏得不畏。

第三。須發勇心。人不改過。多是因循退縮。吾須奮然振作。不用遲疑。不煩等待。小者如芒刺在肉。速與抉剔。大者如毒蛇嚙指。速與斬除。無絲毫凝滯。此風雷之所以爲益也。

具是三心。則有過斯改。如春冰遇日。何患不消乎。然人之過。有從事上改者。有從理上改者。有從心上改者。工夫不同。效驗亦異。

如前日殺生。今戒不殺。前日怒詈。今戒

不怒。此就其事而改之者也。强制於外。其難百倍。且病根終在。東滅西生。非究竟廓然之道也。

善改過者。未禁其事。先明其理。如過在殺生。即思曰。上帝好生。物皆戀命。殺彼養己。豈能自安。且彼之殺也。既受屠割。復入鼎鑊。種種痛苦。徹入骨髓。己之養也。珍膏羅列。食過即空。疏食菜羹。盡可充腹。何必戕彼之生。損己之福哉。又思血氣之屬。皆含靈知。既有靈

知皆我一體縱不能躬修至德使之尊我親
我豈可日戕物命使之仇我憾我於無窮也一
思及此將有對食痛心不能下咽者矣
如前日好怒必思曰人有不及情所宜
矜悖理相干於我何與本無可怒者又思天
下無自是之豪傑亦無尤人之學問有不得
皆己之德未修感未至也吾悉以自反則謗
毀之來皆磨煉玉成之地我將歡然受賜何
怒之有又聞而不怒雖讒焰薰天如舉火焚

空。終將自息。聞謗而怒。雖巧心力辯。如春蠶作繭。自取纏綿。怒不惟無益。且有害也。其餘種種過惡。皆當據理思之。

此理既明。過將自止。

何謂從心而改。過有千端。惟心所造。吾心不動。過安從生。學者於好色。好名。好貨。好怒。種種諸過。不必逐類尋求。但當一心爲善。正念現前。邪念自然污染不上。如太陽當空。魍魎潛消。此精一之真傳也。過由心造。亦由心改。

如斬毒樹，直斷其根，奚必枝枝而伐，葉葉而摘哉。

大抵最上治心，當清淨；才動即覺，覺之即無；苟未能然，須明理以遣之；又未能然，須隨事以禁之。以上事而兼行下功，未爲失策。執下而昧上，則拙矣。顧發願改過，明須良朋提醒，幽須鬼神證明。一心懺悔，晝夜不懈，經一七、二七，以至一月、二月、三月，必有效驗。或覺心神恬曠，或覺智慧頓開，或處冗沓而觸念皆通，或遇怨仇而回瞋作喜。或夢吐黑物。或夢往聖先賢。提攜接引。或夢飛步太虛。或夢幢幡寶蓋。種種勝事。皆過消罪滅之象也。然不得執此自高。畫而不進。

昔蘧伯玉當二十歲時。已覺前日之非而盡改之矣。至二十一歲。乃知前之所改。未盡也。及二十二歲。回視二十一歲。猶在夢中。歲復一歲。遞遞改之。行年五十。而猶知四十九年之非。古人改過之學如此。吾輩身爲凡流。過惡蝟集。而回思往事，常若不見其有過者，心粗而眼翳也。然人之過惡深重者，亦有效驗。或心神昏塞，轉頭即忘；或無事而常煩惱；或見君子而赧然相沮；或聞正論而不樂；或施惠而人反怨；或夜夢顛倒，甚則妄言失志；皆作孽之相也。苟一類此，即須奮發，捨舊圖新，幸勿自誤。

積善之方

易曰。積善之家。必有餘慶。昔顏氏將以女妻叔梁紇。而歷敘其祖宗積德之長。逆知其子孫必有興者。孔子稱舜之大孝。曰。宗廟饗之。子孫保之。皆至論也。試以往事徵之。

楊少師榮。建寧人。世以濟渡爲生。久雨溪漲。橫流衝毀民居。溺死者順流而下。他舟皆撈取貨物。獨少師曾祖及祖。惟救人。而貨物一無所取。鄉人嗤其愚。逮少師父生。家漸裕。有神人化爲道者。語之曰。汝祖父有陰功。子孫當貴顯。宜葬某地。遂依其所指而窆之。即今白免墳也。後生少師。弱冠登第。位至三公。加曾祖祖父。如其官。子孫貴盛。至今尚多賢者。

鄞人楊自懲。初爲縣吏。存心仁厚。守法公平。時縣宰嚴肅。偶撻一囚。血流滿前。而怒猶未息。楊跪而寬解之。宰曰。怎奈此人越法悖理。不由人不怒。自懲叩首曰。上失其道。民散久矣。如得其情。哀矜勿喜。喜且不可。而況怒乎。宰爲之霽顔。家甚貧。饋遺一無所取。遇囚人乏糧。常多方以濟之。一日。有新囚數人待哺。家又缺米。給囚則家人無食。自顧則囚人堪憫。與其婦商之。婦曰。囚從何來。曰。自杭而來。沿路忍饑。菜色可掬。因撤己之米。煮粥以食囚。後生二子。長曰守陳。次曰守址。爲南北吏部侍郎。長孫爲刑部侍郎。次孫爲四川廉憲。又俱爲名臣。今楚亭。德政。亦其裔也。

昔正統間，鄧茂七倡亂於福建，士民從賊者甚衆。朝廷起鄞縣張都憲楷南征，以計擒賊，後委布政司謝都事搜殺東路賊黨。謝求賊中黨附册籍，凡不附賊者，密授以白布小旗，約兵至日，插旗門首，戒軍兵無妄殺，全活萬人。後謝之子遷，中狀元，爲宰輔；孫丕，復中探花。

莆田林氏，先世有老母好善，常作粉團施人，求取即與之，無倦色。一仙化爲道人，每旦索食六七團。母日日與之。終三年如一日。乃知其誠也。因謂之曰。吾食汝三年粉團。何以報汝。府後有一地。葬之。子孫官爵。有一升麻子之數。其子依所點葬之。初世即有九人登第。累代簪纓甚盛。福建有無林不開榜之謠。

馮琢庵太史之父。爲邑庠生。隆冬早起赴學。路遇一人。倒臥雪中。捫之。半僵矣。遂解己綿裘衣之。且扶歸救甦。夢神告之曰。汝救人一命。出至誠心。吾遣韓琦爲汝子。及生琢庵。遂名琦。

合州應尚書。壯年習業于山中。夜鬼嘯集。往往驚人。公不懼也。一夕聞鬼云。某婦以夫久客不歸。翁姑逼其嫁人。明夜當縊死於此。吾得代矣。公潛賣田。得銀四兩。即僞作其夫之書。寄銀還家。其父母見書。以手跡不類。疑之。既而曰。書可假。銀不可假。想兒無恙。婦遂不嫁。其子後歸。夫婦相保如初。公又聞鬼語曰。我當得代。奈此秀才壞吾事。旁一鬼曰。爾何不禍之。曰。上帝以此人心好。命作陰德尚書矣。吾何得而禍之。應公因此益自努勵。善日加修。德日加厚。遇歲饑。輒捐穀以賑之。遇親戚有急。輒委曲維持。遇有横逆。輒反躬自責。怡然順受。子孫登科第者。今累累也。

常熟徐鳳竹栻。其父素富。偶遇年荒。先捐租以爲同邑之倡。又分穀以賑貧乏。夜聞鬼唱於門曰。千不誆。萬不誆。徐家秀才。做到了舉人郎。相續而呼。連夜不斷。是歲。鳳竹果舉於鄉。其父因而益積德。孳孳不怠。修橋修路。齋僧接衆。凡有利益。無不盡心。後又聞鬼唱於門曰。千不誆。萬不誆。徐家舉人。直做到都堂。鳳竹官終兩浙巡撫。

嘉興屠康僖公。初爲刑部主事。宿獄中。細詢諸囚情狀。得無辜者若干人。公不自以爲功。密疏其事。以白堂官。後朝審。堂官摘其語。以訊諸囚。無不服者。釋冤抑十餘人。一時輦下咸頌尚書之明。公復禀曰。輦轂之下。尚多冤民。四海之廣。兆民之衆。豈無枉者。宜五年差一減刑官。核實而平反之。尚書爲奏。允其議。時公亦差減刑之列。夢一神告之曰。汝命無子。今減刑之議。深合天心。上帝賜汝三子。皆衣紫腰金。是夕夫人有娠。後生應塤。應坤。應埈。皆顯官。

嘉興包憑。字信之。其父爲池陽太守。生七子。憑最少。贅平湖袁氏。與吾父往來甚厚。博學高才。累舉不第。留心二氏之學。一日東游泖湖。偶至一村寺中。見觀音像。淋漓露立。即解橐中十金。授主僧。令修屋宇。僧告以功大銀少。不能竣事。復取松布四疋。檢篋中衣七件與之。内紵褶。係新置。其僕請已之。憑曰。但得聖像無恙。吾雖裸裎何傷。僧垂淚曰。捨銀及衣布。猶非難事。祇此一點心。如何易得。後功完。拉老父同遊。宿寺中。公夢伽藍來謝曰。汝子當享世祿矣。後子汴。孫檉芳。皆登第。作顯官。

嘉善支立之父爲刑房吏有囚無辜陷
重辟意哀之欲求其生囚語其妻曰支公嘉
意愧無以報明日延之下鄉汝以身事之彼
或肯用意則我可生也其妻泣而聽命及至妻
自出勸酒具告以夫意支不聽卒爲盡力平
反之囚出獄夫妻登門叩謝曰公如此厚德
晚世所稀今無子吾有弱女送爲箕帚妾此
則禮之可通者支爲備禮而納之生立弱冠
中魁官至翰林孔目立生高高生祿皆貢爲

學博。祿生大綸。登第。

凡此十條。所行不同。同歸於善而已。若復精而言之。則善有真。有假。有端。有曲。有陰有陽。有是。有非。有偏。有正。有半。有滿。有大。有小。有難。有易。皆當深辨。爲善而不窮理。則自謂行持。豈知造孽。枉費苦心。無益也。

何謂真假。昔有儒生數輩。謁中峯和尚。問曰。佛氏論善惡報應。如影隨形。今某人善。而子孫不興。某人惡。而家門隆盛。佛說無稽矣。

中峯云。凡情未滌。正眼未開。認善爲惡。指惡爲善。往往有之。不憾己之是非顛倒。而反怨天之報應有差乎。

衆曰。善惡何致相反。

中峯令試言。

一人謂。詈人毆人是惡。敬人禮人是善。

中峯云。未必然也。

一人謂。貪財妄取是惡。廉潔有守是善。

中峯云。未必然也。

衆人歷言其狀。中峯皆謂不然。因請問。
中峯告之曰。有益於人。是善。有益於己。是惡。有益於人。則毆人。詈人。皆善也。有益於己。則敬人。禮人。皆惡也。是故人之行善。利人者公。公則爲真。利己者私。私則爲假。又根心者真。襲跡者假。又無爲而爲者真。有爲而爲者假。皆當自考。
何謂端曲。今人見謹愿之士。類稱爲善而取之。聖人則寧取狂狷。至於謹愿之士。雖一鄉皆好，而必以爲德之賊，是世人之善惡，分明與聖人相反。推此一端，種種取捨，無有不謬。天地鬼神之福善禍淫，皆與聖人同是非，而不與世俗同取捨。凡欲積善，決不可徇耳目，惟從心源隱微處，默默洗滌。純是濟世之心，則爲端；苟有一毫媚世之心，即爲曲。純是愛人之心，則爲端；有一毫憤世之心，即爲曲。純是敬人之心，則爲端；有一毫玩世之心，即爲曲。皆當細辨。

何謂陰陽。凡爲善而人知之。則爲陽善。爲善而人不知。則爲陰德。陰德。天報之。陽善。享世名。名。亦福也。名者。造物所忌。世之享盛名而實不副者。多有奇禍。人之無過咎而橫被惡名者。子孫往往驟發。陰陽之際微矣哉。

何謂是非。魯國之法。魯人有贖人臣妾於諸侯。皆受金於府。子貢贖人而不受金。孔子聞而惡之曰。賜失之矣。夫聖人舉事。可以移風易俗。而教道可施於百姓。非獨適己之行也。今魯國富者寡而貧者衆。受金則爲不廉。何以相贖乎。自今以後。不復贖人於諸侯矣。

子路拯人於溺。其人謝之以牛。子路受之。孔子喜曰。自今魯國多拯人於溺矣。自俗眼觀之。子貢不受金爲優。子路之受牛爲劣。孔子則取由而黜賜焉。乃知人之爲善。不論現行而論流弊。不論一時而論久遠。不論一身而論天下。現行雖善。其流足以害人。則似善而實非也。現行雖不善。而其流足以濟人。則非善而實是也。然此就一節論之耳。他如非義之義。非禮之禮。非信之信。非慈之慈。皆當抉擇。

何謂偏正。昔呂文懿公。初辭相位。歸故里。海內仰之。如泰山北斗。有一鄉人。醉而詈之。呂公不動。謂其僕曰。醉者勿與較也。閉門謝之。逾年。其人犯死刑入獄。呂公始悔之曰。使當時稍與計較。送公家責治。可以小懲而大戒。吾當時祇欲存心於厚。不謂養成其惡。以至於此。此以善心而行惡事者也。

又有以惡心而行善事者。如某家大富。值歲荒。窮民白晝搶粟於市。告之縣。縣不理。窮民愈肆。遂私執而困辱之。衆始定。不然。幾亂矣。故善者爲正。惡者爲偏。人皆知之。其以善心行惡事者。正中偏也。以惡心而行善事者。偏中正也。不可不知也。

何謂半滿。易曰。善不積。不足以成名。惡不積。不足以滅身。書曰。商罪貫盈。如貯物於器。勤而積之。則滿。懈而不積。則不滿。此一說也。

昔有某氏女入寺。欲施而無財。止有錢二文。捐而與之。主席者親爲懺悔。及後入宮富貴。攜數千金入寺捨之。主僧惟令其徒回向而已。因問曰。吾前施錢二文。師親爲懺悔。今施數千金。而師不回向。何也。曰。前者物雖薄。而施心甚真。非老僧親懺。不足報德。今物雖厚。而施心不若前日之切。令人代懺足矣。此千金爲半。而二文爲滿也。

鐘離授丹於呂祖。點鐵爲金。可以濟世。呂問曰。終變否。曰。五百年後。當復本質。呂曰。如此則害五百年後人矣。吾不願爲也。曰。修仙要積三千功行。汝此一言。三千功行已滿矣。此又一說也。

又爲善而心不著善。則隨所成就。皆得

圓滿心著於善雖終身勤勵止於半善而已
譬如以財濟人內不見己外不見人中不見
所施之物是謂三輪體空是謂一心清淨則
斗粟可以種無涯之福一文可以消千劫之
罪倘此心未忘雖黃金萬鎰福不滿也此又
一說也
何謂大小昔衛仲達爲館職被攝至冥
司主者命吏呈善惡二録比至則惡録盈庭
其善録一軸僅如筯而已索秤稱之則盈

庭者反輕。而如筋者反重。仲達曰。某年未四十。安得過惡如是多乎。曰一念不正即是。不待犯也。因問軸中所書何事。曰朝廷嘗興大工。修三山石橋。君上疏諫之。此疏稿也。仲達曰。某雖言。朝廷不從。於事無補。而能有如是之力。曰朝廷雖不從。君之一念已在萬民。向使聽從。善力更大矣。故志在天下國家。則善雖少而大。苟在一身。雖多亦小。

何謂難易。先儒謂克己須從難克處克

將去。夫子論爲仁。亦曰先難。必如江西舒翁。捨二年僅得之束脩代償官銀。而全人夫婦。與邯鄲張翁。捨十年所積之錢。代完贖銀。而活人妻子。皆所謂難捨處能捨也。如鎮江靳翁。雖年老無子。不忍以幼女爲妾。而還之鄰。此難忍處能忍也。故天降之福亦厚。凡有財有勢者。其立德皆易。易而不爲。是爲自暴。貧賤作福皆難。難而能爲。斯可貴耳。

隨緣濟衆。其類至繁。約言其綱。大約有

十第一。與人爲善第二。愛敬存心第三。成人之美第四。勸人爲善第五。救人危急第六。興建大利第七。捨財作福第八。護持正法第九。敬重尊長第十。愛惜物命。

何謂與人爲善。昔舜在雷澤。見漁者皆取深潭厚澤。而老弱則漁於急流淺灘之中。惻然哀之。往而漁焉。見爭者皆匿其過而不談。見有讓者則揄揚而取法之。期年皆以深潭厚澤相讓矣。夫以舜之明哲。豈不能出一言教衆人哉。乃不以言教而以身轉之。此良工苦心也。

吾輩處末世。勿以己之長而蓋人。勿以己之善而形人。勿以己之多能而困人。收斂才智。若無若虛。見人過失。且涵容而掩覆之。一則令其可改。一則令其有所顧忌而不敢縱。見人有微長可取。小善可録。翻然捨己而從之。且爲艷稱而廣述之。凡日用間。發一言。行一事。全不爲自己起念。全是爲物立則。此大人天下爲公之度也。

何謂愛敬存心。君子與小人，就形迹觀，常易相混。惟一點存心處，則善惡懸絶，判然如黑白之相反。故曰：君子所以異於人者，以其存心也。君子所存之心，祇是愛人敬人之心。蓋人有親疏貴賤，有智愚賢不肖，萬品不齊，皆吾同胞，皆吾一體，孰非當敬愛者？愛敬衆人，即是愛敬聖賢；能通衆人之志，即是通聖賢之志。何者？聖賢之志，本欲斯世斯人，各得其所。吾合愛合敬。而安一世之人。即是爲聖賢而安之也。

何謂成人之美。玉之在石。抵擲則瓦礫。追琢則圭璋。故凡見人行一善事。或其人志可取而資可進。皆須誘掖而成就之。或爲之奬借。或爲之維持。或爲白其誣而分其謗。務使成立而後已。大抵人各惡其非類。鄉人之善者少。不善者多。善人在俗。亦難自立。且豪傑錚錚。不甚修形跡。多易指摘。故善事常易敗。而善人常得謗。惟仁人長者。匡直而輔翼之。其功德最宏。

何謂勸人爲善。生爲人類。孰無良心。世路役役。最易没溺。凡與人相處。當方便提撕。開其迷惑。譬猶長夜大夢。而令之一覺。譬猶久陷煩惱。而拔之清凉。爲惠最溥。韓愈云。一時勸人以口。百世勸人以書。較之與人爲善。雖有形跡。然對證發藥。時有奇效。不可廢也。失言失人。當反吾智。

何謂救人危急。患難顛沛。人所時有。偶一遇之。當如痌瘝之在身。速爲解救。或以一言伸其屈抑。或以多方濟其顛連。崔子曰。惠不在大。赴人之急可也。蓋仁人之言哉。

何謂興建大利。小而一鄉之内。大而一邑之中。凡有利益。最宜興建。或開渠導水。或築堤防患。或修橋梁。以便行旅。或施茶飯。以濟饑渴。隨緣勸導。協力興修。勿避嫌疑。勿辭勞怨。

何謂捨財作福。釋門萬行。以布施爲先。所謂布施者。祇是捨之一字耳。達者內捨六根。外捨六塵。一切所有。無不捨者。苟非能然。先從財上布施。世人以衣食爲命。故財爲最重。吾從而捨之。內以破吾之慳。外以濟人之急。始而勉強。終則泰然。最可以蕩滌私情。祛除執吝。

何謂護持正法。法者。萬世生靈之眼目也。不有正法。何以參贊天地。何以裁成萬物。

何以脫塵離縛。何以經世出世。故凡見聖賢廟貌。經書典籍。皆當敬重而修飭之。至於舉揚正法。上報佛恩。尤當勉勵。

何謂敬重尊長。家之父兄。國之君長。與凡年高。德高。位高。識高者。皆當加意奉事。在家而奉侍父母。使深愛婉容。柔聲下氣。習以成性。便是和氣格天之本。出而事君。行一事。毋謂君不知而自恣也。刑一人。毋謂君不知而作威也。事君如天。古人格論。此等處最關陰德。試看忠孝之家。子孫未有不緜遠而昌盛者。切須慎之。

何謂愛惜物命。凡人之所以爲人者。惟此惻隱之心而已。求仁者求此。積德者積此。周禮。孟春之月。犧牲毋用牝。孟子謂君子遠庖厨。所以全吾惻隱之心也。故前輩有四不食之戒。謂聞殺不食。見殺不食。自養者不食。專爲我殺者不食。學者未能斷肉。且當從此戒之。漸漸增進。慈心愈長。不特殺生當戒。蠢動含靈。

皆為物命。求絲煮繭。鋤地殺蟲。念衣食之由來。皆殺彼以自活。故暴殄之孽。當與殺生等。至於手所誤傷。足所誤踐者。不知其幾。皆當委曲防之。古詩云。愛鼠常留飯。憐蛾不點燈。何其仁也。

善行無窮。不能殫述。由此十事而推廣之。則萬德可備矣。

謙德之效

易曰．天道虧盈而益謙．地道變盈而流謙．鬼神害盈而福謙．人道惡盈而好謙．是故謙之一卦．六爻皆吉．

書曰．滿招損．謙受益．予屢同諸公應試．每見寒士將達．必有一段謙光可掬．

辛未計偕．我嘉善同袍凡十人．惟丁敬宇賓．年最少．極其謙虛．予告費錦坡曰．此兄今年必第．費曰．何以見之．予曰．惟謙受福．

凡看十人中。有恂恂款款。不敢先人。如敬宇者乎。有恭敬順承。小心謙畏。如敬宇者乎。有受侮不答。聞謗不辯。如敬宇者乎。人能如此。即天地鬼神。猶將佑之。豈有不發者。及開榜。丁果中式。

丁丑在京。與馮開之同處。見其虛己斂容。大變其幼年之習。李霽巖直諒益友。時面攻其非。但見其平懷順受。未嘗有一言相報。予告之曰。福有福始。禍有禍先。此心果謙。天必相之。凡今年決第矣。已而果然。

趙裕峯光遠。山東冠縣人。童年舉於鄉。久不第。其父爲嘉善三尹。隨之任。慕錢明吾。而執文見之。明吾悉抹其文。趙不惟不怒。且心服而速改焉。明年。遂登第。

壬辰歲。予入覲。晤夏建所。見其人氣虛意下。謙光逼人。歸而告友人曰。凡天將發斯人也。未發其福。先發其慧。此慧一發。則浮者自實。肆者自斂。建所溫良若此。天啓之矣。及開榜，果中式。

江陰張畏巖，積學工文，有聲藝林。甲午南京鄉試，寓一寺中，揭曉無名，大罵試官，以爲瞇目。時有一道者在傍微笑，張遽移怒道者。道者曰：相公文必不佳。張怒曰：汝不見我文，烏知不佳？道者曰：聞作文，貴心氣和平，今聽公罵詈，不平甚矣，文安得工？張不覺屈服，因就而請教焉。道者曰：中全要命，命不該中，文雖工，無益也，須自己做個轉變。張曰：既是命，如何轉變。道者曰。造命者天。立命者我。力行善事。廣積陰德。何福不可求哉。張曰。我貧士。何能爲。道者曰。善事陰功。皆由心造。常存此心。功德無量。且如謙虛一節。并不費錢。你如何不自反而罵試官乎。張由此折節自持。善日加修。德日加厚。丁酉。夢至一高房。得試録一冊。中多缺行。問旁人。曰。此今科試録。問何多缺名。曰。科第陰間三年一考較。須積德無咎者。方有名。如前所缺。皆系舊該中式。因新有

薄行而去之者也。後指一行云：汝三年來，持身

頗慎，或當補此。幸自愛，是科果中一百五名。

由此觀之，舉頭三尺，決有神明；趨吉避

凶，斷然由我。須使我存心制行，毫不得罪於

天地鬼神，而虛心屈己，使天地鬼神時時憐

我，方有受福之基。彼氣盈者，必非遠器，縱發

亦無受用。稍有識見之士，必不忍自狹其量，

而自拒其福也。況謙則受教有地，而取善無

窮，尤修業者所必不可少者也。

古語云．有志於功名者．必得功名．有志於富貴者．必得富貴．人之有志．如樹之有根．立定此志．須念念謙虛．塵塵方便．自然感動天地．而造福由我．今之求登科第者．初未嘗有真志．不過一時意興耳．興到則求．興闌則止．孟子曰．王之好樂甚．齊其庶幾乎．予於科名亦然．

圖書在版編目（CIP）數據

了凡四訓 / 北京華夏文化藝術研究院選編． -- 北京：文物出版社，2020.6（2021.6 重印）
（華夏傳統文化經典系列）
ISBN 978-7-5010-6696-4

Ⅰ．①了… Ⅱ．①北… Ⅲ．①家庭道德－中國－明代
Ⅳ．① B823.1

中國版本圖書館 CIP 數據核字（2020）第 089105 號

華夏傳統文化經典系列：了凡四訓

選　　編：北京華夏文化藝術研究院

策　　劃：北京華夏文化藝術研究院
責任編輯：劉永海
責任印製：蘇　林
封面設計：石　冰　鐘尊朝

出版發行：文物出版社
地　　址：北京市東城區東直門内北小街 2 號樓
郵　　編：100007
網　　址：http://www.wenwu.com
經　　銷：新華書店
印　　刷：三河市華東印刷有限公司
開　　本：710mm × 1000mm　1/16
印　　張：5.25
版　　次：2020 年 6 月第 1 版
印　　次：2021 年 6 月第 2 次印刷
書　　號：ISBN 978-7-5010-6696-4
定　　價：358.00 元（全十冊）